Michael Lang

Entwurf und Einführung service-orientierter Architekturen im U

Michael Lang

Entwurf und Einführung service-orientierter Architekturen im Unternehmen

GRIN Verlag

Bibliografische Information der Deutschen Nationalbibliothek: Die Deutsche Bibliothek
verzeichnet diese Publikation in der Deutschen Nationalbibliografie; detaillierte bibliografische Daten sind im Internet über http://dnb.d-nb.de/ abrufbar.

1. Auflage 2010
Copyright © 2010 GRIN Verlag
http://www.grin.com/
Druck und Bindung: Books on Demand GmbH, Norderstedt Germany
ISBN 978-3-640-69879-0

Entwurf und Einführung
service-orientierter Architekturen
im Unternehmen

Assignment
in dem Modul
Architekturen arbeitsteiliger
Softwareentwicklung
an den
AKAD Privat-Hochschulen

vorgelegt von
Michael Lang

aus Neu-Ulm/ Pfuhl

Neu-Ulm, Juli 2010

Inhaltsverzeichnis

Kapitel 1

Einführung

„Anwendungslandschaften stehen immer im Spannungsfeld zwischen Business und IT[1].

Software-Architekten müssen deshalb konkurrierende Anforderungen bei der Gestaltung von IT-Landschaften berücksichtigen um eine bestmögliche Unterstützung des Geschäfts zu erzielen."

(Zitat aus dem Buch von Gregor Engels et al., Quasar Enterprise, 1. Auflage, Seite 7, 2008 [3].)

Mit dieser Einleitung stellt der Autor Gregor Engels heraus, vor welchen Herausforderungen Software-Architekten bei dem Entwurf von betrieblichen Anwendungslandschaften stehen. Anwendungslandschaften müssen heute so gestaltet werden, dass sie agil und effizient auf veränderte geschäftliche Anforderungen des Unternehmens reagieren können.[2] Im Gegensatz dazu sind Anwendungslandschaften jedoch meist über mehrere Jahre gewachsen, komplex und bestehen aus heterogenen Systemen, deren Pflege sich oft an der Grenze der Beherrschbarkeit befindet.[3] Angesichts dieser Entwicklung fragen sich viele IT-Architekten wie sie die Kluft zwischen Business und IT überwinden und ihre IT-Architektur effizienter an die Geschäftsarchitektur anpassen können.

Nach Meinung von Fachexperten gibt das Architekturkonzept *service-orientierte Architekturen*, kurz *SOA*, eine Antworten auf diese Fragen.[4] *SOA* ist ein Architekturparadigma[5], das die Geschäftsarchitektur eines Unternehmens als Ausgangsbasis für die Gestaltung einer Anwendungslandschaft verwendet. Dadurch sollen verteilte Systemlandschaften skalierbar und flexibel bleiben sowie Geschäft und IT wieder enger zusammenbringen.[6]

---

[1] Information Technology (IT)

[2] Vgl. Reussner, Hasselbring, (Handbuch der Software-Architektur, 2008), S. 123

[3] Vgl. Reussner, Hasselbring, (Handbuch der Software-Architektur, 2008), S. 124

[4] Vgl. Josuttis, (SOA in der Praxis, 2008), S. 2

[5] Ein Paradigma ist ein in der Wissenschaft weitgehend anerkannte Modellvorstellung von einem bestimmten Gegenstand. (Vgl. Humboldt-Universität Berlin, http://www.ib.hu-berlin.de/~wumsta/infopub/semiothes/lexicon/default/dq8.html, abgerufen am 03.07.2010)

[6] Vgl. Reussner, Hasselbring, (Handbuch der Software-Architektur, 2008), S. 156

Es stellt sich jedoch die Frage, wie man *service-orientierte Architekturen* entwirft und diese erfolgreich in Unternehmen einführt?

Um diese Frage zu beantworten werden im Rahmen dieser Arbeit im Kapitel 2 zuerst die Begriffe *Architekturentwurf, Softwarearchitektur* und *Unternehmensarchitektur* definiert, bevor ab Abschnitt 2.2 auf *service-orientierte Architekturen* selbst eingegangen wird.

Im Abschnitt 3.1 wird die Rolle des SOA-Konzepts im Unternehmen eingeordnet, um ab Abschnitt 3.2 auf den Entwurf und die Einführung *service-orientierter Architekturen* im Unternehmen näher einzugehen. Anschließend werden im Abschnitt 3.4 mögliche Auswirkungen von IT-Trends auf das SOA-Konzept thematisiert.

Im Kapitel 4 werden Erfolgsfaktoren sowie mögliche Herausforderung bei der Einführung *service-orientierte Architekturen* in Unternehmen diskutiert. Zum Schluss werden die wichtigsten Erkenntnisse zusammengefasst und ein kurzer Ausblick gegeben.

Kapitel 2

Grundlagen

2.1 Grundlagen der Unternehmensarchitektur

2.1.1 Architekturentwurf

Der *Architekturentwurf* ist nach Glinz der Prozess des Definierens von Architektur, Komponenten, Schnittstellen und anderen Charakteristika eines Software Systems oder einer Software-Komponente.[1]

2.1.2 Softwarearchitektur

Die *Softwarearchitektur* ist das erste Ergebnis innerhalb des Architekturentwurfs. Sie ist nach dem Autor Andresen die Identifikation, Spezifizierung und Dokumentation sowohl der statischen Struktur als auch der dynamischen Interaktion eines Software-Systems, das sich aus Komponenten und Systemen zusammensetzt.[2] Die Abbildung 2.1 gibt einen Überblick über die zeitliche Entwicklung der Softwarearchitektur-Paradigmen von 1960 bis 2005.

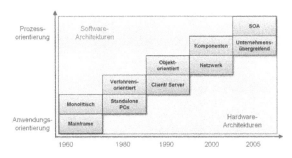

Abbildung 2.1: Evolution der Architektur der Informationssysteme[3]

---

[1]Vgl. Grinz, (Architekturentwurf - Einführung und Überblick, 2003), S. 2
[2]Vgl. Andresen, (Komponentenbasierte Softwareentwicklung, 2004), S. 45

3

2.1.3 Unternehmensarchitektur

Definition

Die *Unternehmensarchitektur* beinhaltet alle fachlichen und technischen Architekturperspektiven des Unternehmens. Sie stellt den Zusammenhang zwischen der Geschäfts- und IT-Architektur her und umfasst Prinzipien und Methoden um diese zu entwerfen und umzusetzen. Nach Engels besteht die Unternehmensarchitektur aus folgenden Teilbereichen (siehe Abbildung 2.2):[4]

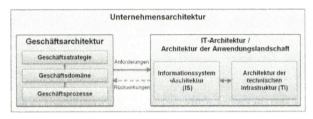

Abbildung 2.2: Teilbereiche der Unternehmensarchitektur[5]

- **Geschäftsarchitektur:** Die *Geschäftsarchitektur* umfasst die Geschäftsstrategie, die Geschäftsdomänen und die Geschäftsprozesse eines Unternehmens. Die *Geschäftsstrategie* legt unter anderem fest, welche Produkte auf welchen Märkten angeboten werden sollen. *Geschäftsdomänen* sind Unternehmenssegmente, die beispielsweise nach Kunden- oder Produktgruppen untergliedert werden. *Geschäftsprozesse* bestehen hingegen aus einer Folge von Arbeitsschritten, die zur Erreichung eines betriebswirtschaftlichen Ergebnisses dienen.[6]

- **IT-Architektur:** Die *IT-Architektur* oder *Architektur der Anwendungslandschaft* beinhaltet alle betrieblichen Anwendungssysteme eines Unternehmens und deren Beziehungen untereinander. Sie lässt sich in die Teilbereiche *Informationssystemarchitektur*, kurz *IS-Architektur*, und *Architektur der technischen Infrastruktur*, kurz *TI-Architektur* aufgliedern (siehe Abbildung A.1). Die *IS-Architektur* beschreibt die Strukturierung der Anwendungslandschaft aus fachlicher Perspektive, während die *TI-Architektur* sich mit den technischen Plattformen und den Systemsoftwarekomponenten auseinandersetzt.[7]

---

[3]Abb. Masak, (SOA?: Serviceorientierung in Business und Software, 2009), S. 8
[4]Vgl. Engels et al., (Quasar Enterprise, 2008), S. 78-79
[5]Abb. Engels et. al, (Quasar Enterprise, 2008), S. 78
[6]Vgl. Reussner, Hasselbring, (Handbuch der Software-Architektur, 2008), S. 125
[7]Vgl. Engels et. al, (Quasar Enterprise, 2008), S. 78

2.2 Grundlagen service-orientierter Architekturen

Die Begriffe *Service* und *service-orientierte Architektur* bilden die Basis dieser Ausarbeitung. Aus diesem Grund werden die beiden Fachbegriffe in diesem Abschnitt erläutert, bevor im nachfolgenden Kapitel 3 auf den Entwurf und die Einführung *service-orientierter Architekturen* im Unternehmen selbst eingegangen wird.

2.2.1 Service

Im SOA-Kontext lässt sich ein *Service* nach Josuttis folgendermaßen definieren:

„Ein Service stellt eine Leistung dar, die ein Servicegeber einem potentiellen Servicenehmer anbietet. Ein Service ist demnach die IT-Repräsentation einer in sich abgeschlossenen fachlichen Funktionalität, die durch eine wohldefinierte Schnittstelle beschrieben wird."[8]

Ein Service sollte dabei folgende wichtige Designprinzipien erfüllen:[9]

- **Abgeschlossenheit:** Ein Dienst sollte in sich abgeschlossen und autark sein.

- **Grobgranularität:** Dienste sind Abstraktionen, die Implementierungsdetails vor dem Nutzer verbergen und immer einen direkten Geschäftsbezug aufweisen müssen.

- **Wiederverwendbarkeit:** Die Wiederverwendbarkeit eines Dienstes sollte angestrebt werden, sodass dieser nur einmal implementiert und von anderen Diensten verwendet werden kann.

- **Komponierbarkeit:** Um einen Geschäftsprozess abzubilden sollen mehrere Dienste zu einem höheren Dienst aggregiert werden können und umgekehrt kann ein Dienst in mehreren Geschäftsprozessen verwendet werden.

Weitere Anforderungen an *Services* sind unter Josuttis, (SOA in der Praxis, 2008), ab Seite 33 zu finden.

---

[8]Vgl. Josuttis, (SOA in der Praxis, 2008), S. 45
[9]Vgl. Reussner, Hasselbring, (Handbuch der Software-Architektur, 2008), S. 131

2.2.2 Service-orientierte Architektur

Definition

Eine *service-orientierte Architektur* ist nach Josuttis ein Architekturparadigma für den Umgang mit Geschäftsprozessen, die über eine große Anwendungslandschaft verteilt werden.[10] Dabei werden vielfältige Methoden und Applikationen als wiederverwendbare und offen zugreifbare *Services* repräsentiert und eine plattform- und sprachunabhängige Nutzung ermöglicht.[11]

Merkmale und Funktionsweisen einer SOA

Die grundlegenden Merkmale und Funktionsweisen einer *service-orientierten Architektur* sind nach Melzer (siehe Abbildung 2.3):[12]

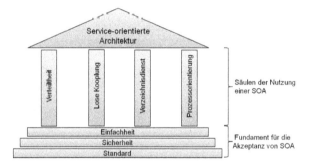

Abbildung 2.3: Merkmale einer SOA[13]

- **Verteiltheit und lose Kopplung:** *Verteiltheit* und *lose Kopplung* sind Konzepte zur Reduzierung von Abhängigkeiten zwischen Systemen. Innerhalb von *service-orientierten Architekturen* können Geschäftsprozesse mithilfe lose gekoppelten Diensten, die über verschiedene Systeme verteilt sind, durchgeführt werden.

- **Verzeichnisdienst und dynamische Bindung:** *Services* werden von Anwendern oder anderen *Services* zur Laufzeit gesucht, gefunden und eingebunden.

---

[10]Vgl. Josuttis, (SOA in der Praxis, 2008), S. 31
[11]Vgl. Melzer, (Service-orientierte Architekturen mit Web Services, 2010), S. 13
[12]Vgl. Melzer, (Service-orientierte Architekturen mit Web Services, 2010), ab S. 11
[13]Abb. Melzer, (Service-orientierte Architekturen mit Web Services, 2010), ab S. 13

Damit ein entsprechender *Service* gefunden werden kann, muss dieser an einem *Verzeichnisdienst* angemeldet werden. Der *Verzeichnisdienst* gestattet die Suche nach einer Dienstleistung, die von der jeweiligen Anwendung gerade benötigt wird.[14]

- **Prozessorientierung:** Einzelne Dienste werden innerhalb einer *SOA* zu einem neuen Dienst zusammengestellt, sodass sie die einzelnen Arbeitsschritte eines *Workflows*[15] abbilden. Ein komponierter Dienst ist flexibel gegenüber Veränderungen seines Ablaufs. Ändert sich der Geschäftsprozess, muss der entsprechende Dienst lediglich neu zusammengestellt werden.[16]

- **Standards und Einfachheit:** Damit eine Kommunikation zwischen Servicenehmer und Serviceanbieter stattfinden kann, müssen beide Parteien ihre Schnittstellen auf Basis *offener Standards* festlegen. Die dadurch resultierende Trennung von Schnittstelle und Implementierung führt zu einer relativ einfachen Verwendung von *Services* und ermöglicht eine breite Akzeptanz der Architektur.

- **Sicherheit:** Neben Standards und Einfachheit ist Sicherheit die dritte tragende Säule einer *service-orientierten Architektur*. Zur Akzeptanzsicherung müssen *Services* Sicherheitsaspekte wie Vertraulichkeit, Berechtigung, Konsistenz, sowie Glaubwürdigkeit und Verbindlichkeit erfüllen.[17]

Rollen und Aktionen in einer SOA

Die Abbildung 2.4 veranschaulicht die Rollen und Aktionen innerhalb einer *service-orientierten Architektur*:

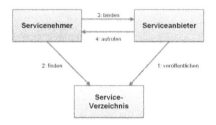

Abbildung 2.4: Rollen und Aktionen innerhalb einer SOA[18]

---

[14]Vgl. Melzer, (Service-orientierte Architekturen mit Web Services, 2010), S. 11
[15]Ein *Workflow* ist der IT-gestützte Teil eines Geschäftsprozesses.
(Vgl. Josuttis, (SOA in der Praxis, 2008), S. 104.)
[16]Vgl. Melzer, (Service-orientierte Architekturen mit Web Services, 2010), ab S. 239
[17]Vgl. Melzer, (Service-orientierte Architekturen mit Web Services, 2010), ab S. 206
[18]Abb. Melzer, (Service-orientierte Architekturen mit Web Services, 2010), ab S. 14

1. **Serviceanbieter:** Der *Serviceanbieter* stellt einen *Service* zur Verfügung und veröffentlicht diesen zur Nutzung bei einem *Serviceverzeichnis*.

2. **Serviceverzeichnis:** Das *Serviceverzeichnis* besitzt einen *Servicekatalog*, indem alle an ihm angemeldeten *Serviceanbieter* aufgelistet sind.

3. **Servicenehmer:** Der *Servicenehmer* durchsucht das *Serviceverzeichnis* zum Auffinden eines entsprechenden *Serviceanbieters*. Anschließend versucht sich der *Servicenehmer* am *Serviceanbieter* zu binden und dessen Dienstleistung in Anspruch zu nehmen.

Orchestrierung versus Choreographie

Eine wichtige Eigenschaft des SOA-Konzepts ist die Fähigkeit bestehende *Services* zu neuen *Services* zusammenzufassen. Diesen Prozess nennt man *Komposition*. Neue Geschäftsprozesse können somit aus bestehenden *Services* komponiert werden. Nach Masak gibt es zwei Möglichkeiten vorhandene *Services* zu nutzen und diese zu einem neuen *Service* zusammenzustellen (siehe Abbildung 2.5):[19]

- **Orchestrierung:** Bei der *Orchestrierung* wird ein neuer *Service* mithilfe eines Koordinators namens *Orchestrator* geschaffen. Der *Orchestrator* nimmt externe Aufrufe entgegen und delegiert diese zu den vorhandenen *Services*. Für die Orchestrierung können beispielsweise die Protokolle *BPML*[20] und *BPEL*[21] verwendet werden.

- **Choreographie:** Die *Choreographie* benötigt keinen zentralen Koordinator. Der neue *Gesamtservice* beruht aus einer Reihe von Interaktionen zwischen vorhandenen *(Sub)-Services*. Für die *Choreographie* wird bei *Webservices* zum Beispiel das *WS-CDL*[22]-Protokoll eingesetzt.

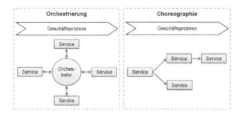

Abbildung 2.5: Orchestrierung versus Choreographie[23]

---

[19]Vgl. Masak, (SOA?: Serviceorientierung in Business und Software, 2009), S. 104-108
[20]Business Process Modeling Language (BPML)
[21]Business Process Execution Language (BPEL)
[22]Web Services Choreography Description Language (WS-CDL)

SOA-Referenzarchitektur

Bei der Anwendung des SOA-Konzepts im Unternehmensumfeld hat die *SOA-Referenzarchitektur* die Aufgabe einen strukturierten Überblick auf die gesamte Anwendungslandschaft zu schaffen (siehe Abbildung 2.6). Die Referenzarchitektur unterteilt dabei die Anwendungslandschaft in zwei Dimensionen:[24]

- **Horizontale Dimension:** Die *horizontale Dimension* unterteilt die IT-Architektur in Anwendungsdomänen. Die Anwendungsdomänen sind dabei direkt von der Geschäftsarchitektur des Unternehmens abhängig.

- **Vertikale Dimension:** Die *vertikale Dimension* hingegen gliedert die Anwendungslandschaft nach Servicekategorien, die von der Geschäftsarchitektur in erster Linie relativ losgelöst sind.

Innerhalb der *SOA-Referenzarchitektur* soll nach Möglichkeit ein *Service* genau einer Anwendungsdomäne und einer Servicekategorie zugeordnet sein. Die Servicekategorien selbst bilden zusammen ein Schichtenmodell, das Abhängigkeiten nur innerhalb einer Schicht oder der darunterliegenden Schicht zulässt.

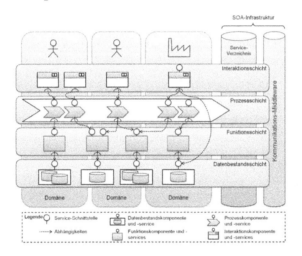

Abbildung 2.6: SOA-Referenzarchitektur mit SOA-Infrastruktur[25]

---

[23] Abb. Masak, (SOA?: Serviceorientierung in Business und Software, 2009), S. 106
[24] Vgl. Reussner, Hasselbring, (Handbuch der Software-Architektur, 2008), S. 133
[25] Abb. Reussner, Hasselbring, (Handbuch der Software-Architektur, 2008), S. 133

Kapitel 3

Entwurf und Einführung
service-orientierter Architekturen

3.1 Rolle des SOA-Konzepts im Unternehmen

Um die Rolle des *SOA*-Konzepts im Unternehmen einordnen zu können müssen zuerst die Begriffe *Unternehmens-* und *IT-Ziel* sowie *Unternehmens-* und *IT-Strategie* definiert und deren Abhängigkeiten herausgestellt werden (siehe Abbildung 3.1):

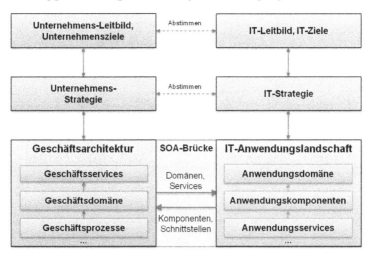

Abbildung 3.1: SOA-Brücke zwischen Geschäft und IT, angepasste Darstellung[1]

---

[1]Abb. Reussner, Hasselbring, (Handbuch der Software-Architektur, 2008), S. 156

1. **Unternehmens- und IT-Ziele:** Ein *Unternehmensziel* ist abgeleitet von der Unternehmensvision. Es definiert einen in der Zukunft liegenden langfristig angestrebten Zustand eines Unternehmens. Ein *IT-Ziel* ist selbst von der IT-Vision abgeleitet und soll gleichzeitig an die Unternehmensziele ausgerichtet sein.

2. **Unternehmens- und IT-Strategie:** Die *Unternehmens-* bzw. *IT-Strategie* definiert wie ein Unternehmens- bzw. IT-Ziel erreicht werden soll.

In diesem Kontext sollen *service-orientierte Architekturen* eine Brücke zwischen Geschäft und IT schlagen, indem sie Anwendungslandschaften aus einer fachlichen Perspektive mithilfe von *Geschäftsservices* und *Anwendungsdomänen* beschreiben. Mithilfe dieser neuen Sichtweise sollen Anwendungslandschaften zum einen einfacher auf die Geschäftsprozesse ausrichtet werden. Zum anderen trägt das Architekturkonzept dazu bei, dass die Anwendungslandschaft selbst an veränderte Unternehmens- und IT-Strategien schneller angepasst werden kann.[2]

---

[2]Vgl. Reussner, Hasselbring, (Handbuch der Software-Architektur, 2008), S. 123

11

3.2 Entwurf service-orientierter Architekturen

Im nachfolgenden Abschnitt wird ein Ansatz zum Entwurf *service-orientierter Architekturen* für Anwendungslandschaften vorgestellt, der sich an der Vorgehensweise von *Quasar
Enterprise* orientiert.[3] Exemplarisch werden die einzelnen Schritte zur Gestaltung einer
service-orientierten Anwendungslandschaft anhand eines fiktiven Fallbeispiels eines Reise-
veranstalters skizziert.[4]

3.2.1 Überblick - Entwurf service-orientierter Architekturen

Die Abbildung 3.2 gibt einen Überblick über den systematischen Entwurf *service-orientierter
Anwendungslandschaften*, der in den nachfolgenden Abschnitten beschrieben wird:

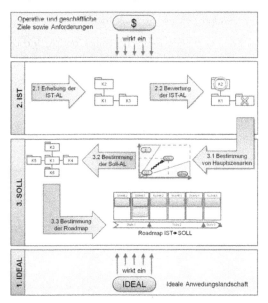

Abbildung 3.2: Überblick über den Entwurf service-orientierter Anwendungslandschaften[5]

---

[3]Vgl. Engels et al., (Quasar Enterprise, 2008), ab S. 113

[4]Der Reiseveranstalter möchte neben Pauschalreisen in Zukunft auch Individualreisen anbieten. Um diese zusätzliche Wertschöpfungskette bestmögliche zu unterstützen, muss die aktuelle Anwendungslandschaft angepasst werden. (Vgl. Reussner, Hasselbring, Handbuch der Software-Architektur, 2008, ab S.
157)

[5]Abb. Reussner, Hasselbring, Handbuch der Software-Architektur, 2008, ab S. 174

3.2.2 Schritt 1: Bestimmung der Ideal-Anwendungslandschaft

Zu Beginn der Entwurfsphase wird eine ideale Anwendungslandschaft in Form eines *Top-Down*-Verfahrens entwickeln, die auf das Geschäft optimal abgestimmt ist. Die einzelnen Schritte zur Ideal-Anwendungslandschaft werden im Folgenden kurz skizziert:[6]

Identifikation und Verfeinerung von Geschäftsservices

Auf Basis der Geschäftsziele werden die relevanten Geschäftsservices und Geschäftsobjekte identifiziert (siehe Abbildung 3.3). Liegt hingegen ein mithilfe von beispielsweise *EPKs*[7] modelliertes Geschäftsprozessmodell vor, kann dieses auch als Startpunkt zum Entwurf der IT-Architektur verwendet werden.

1. **Geschäftsservices identifizieren:** Die *Geschäftsservices* werden aus den Geschäftszielen abgeleitet. Man unterscheidet zwischen *Kerngeschäftsservices* und *unterstützenden Geschäftsservices*.

2. **Geschäftsobjekte bestimmen:** Die *Geschäftsobjekte* sind reale Objekte der Geschäftswelt. Diese lassen sich ausgehend von den Geschäftsservices identifizieren, indem evaluiert wird, welche Informationen ein *Service* zum einen benötigt und zum anderen selbst bereitstellt.

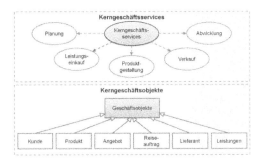

Abbildung 3.3: Kerngeschäftsservices und Kerngeschäftsobjekte auf oberster Ebene[8]

---

[6]Vgl. Reussner, Hasselbring, (Handbuch der Software-Architektur, 2008), S. 156

[7]Ereignisgesteuerte Prozesskette (EPK)

[8]Abb. Engels et al., (Quasar Enterprise, 2008), S. 8

Entwurf von Domänen

Nachdem die Geschäftsservices und Geschäftsobjekte festgelegt sind, wird die Anwendungslandschaft zur Reduzierung der Komplexität in Domänen unterteilt. Die Domänen können nach folgendem Schema ermittelt werden (siehe Abbildung 3.4:[9]

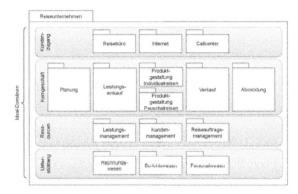

Abbildung 3.4: Domänen einer Anwendungslandschaft, angepasste Darstellung[10]

1. **Kerngeschäftsservices:** Anhand der *Kerngeschäftsservices* können entsprechende *Domänenkandidaten* identifiziert werden. In dem Fallbeispiel sind dies *Planung*7, *Leistungseinkauf*, *Produktgestaltung*, *Verkauf* und *Abwicklung*.

2. **Geschäftsdimensionen:** Neben den *Kerngeschäftsservices* werden *Domänen* auch anhand der *Geschäftsdimensionen*, die die Geschäftsziele des Unternehmens wiederspiegeln, abgeleitet.

Entwurf von logischen Komponenten

Nach der Festlegung der Domänen werden die logischen Komponenten der *service-orientierten Anwendungslandschaft* entworfen. Eine logische Komponente ist dabei eine geschlossene Einheit, die zu automatisierende Geschäftsservices implementiert und über eine wohldefinierte Schnittstelle verfügt. Angelehnt an das Schichtenmodell wird zwischen *Bestands-*, *Funktions-*, *Prozess-* sowie *Interaktionskomponente* unterschieden.[11]

---

[9]Vgl. Reussner, Hasselbring, (Handbuch der Software-Architektur, 2008), S. 162
[10]Abb. Engels et al., (Quasar Enterprise, 2008), S. 20
[11]Vgl. Reussner, Hasselbring, (Handbuch der Software-Architektur, 2008), S. 164

Entwurf von Schnittstellen und Operationen

Als nächster Schritt müssen die Schnittstellen und Operationen der logischen Komponenten festgelegt werden. Die Designprinzipien für Operationen sind dabei die gleichen wie die für *Services* (siehe Abschnitt 2.2.1). Mithilfe dieser Eigenschaften eignen sich nach Engels Operationen gut für die Orchestrierung von Geschäftsprozessen (siehe Abschnitt 2.2.2). Der Entwurf von Schnittstellen wird in folgenden Schritten durchgeführt:

1. **Serviceaktionen:** *Serviceaktionen* innerhalb von Geschäftsprozessen sind mögliche Kandidaten für Operationen. Bei dem Reiseunternehmen können beispielsweise die Serviceaktionen *Kunde anlegen*, *Kundendaten ändern* und *Kunde löschen* in Operationen transformiert werden.

2. **Zu Schnittstellen gruppieren:** Die Operationen werden zu Schnittstellen gebündelt. Die eben genannten Operationen können zum Beispiel zu einer Schnittstelle *Kundenpflege* gebündelt werden. Kriterien zur Operationsgruppierung können *Nutzergruppen* oder die *Zugriffsart* sein.

3. **Schnittstellen validieren:** Die Schnittstellen werden auf Vollständigkeit hinsichtlich der Abbildung der Geschäftsprozesse überprüft und gegebenenfalls ergänzt.

Gestaltung der Kopplungsarchitektur

Im letzten Schritt muss über die Kopplungsart zwischen den Komponenten entschieden werden. Im Allgemeinen kann man zwischen zwei Arten unterscheiden:[12]

- **Enge Kopplung:** Eine enge Kopplung wird gewählt, wenn Performance oder Kosten einen hohen Stellenwert haben.

- **Lose Kopplung:** Eine lose Kopplung ist gezeichnet durch eine hohe Wiederverwendbarkeit und eignet sich besser für die *Orchestrierung* beziehungsweise *Choreographie* der Komponenten (siehe Abbildung **??**).

Nach dem letzten Schritt ist das Idealbild der *service-orientierten Anwendungslandschaft* erstellt. Es besteht aus Domänen mit *Services*, logischen Komponenten und Schnittstellen zusammengefasst in einer Kopplungsarchitektur.[13]

---

[12]Vgl. Reussner, Hasselbring, (Handbuch der Software-Architektur, 2008), S. 167
[13]Vgl. Abschnitt 2.2.2

3.2.3 Schritt 2: Ist-Analyse der vorhandenen Anwendungslandschaft

Analyse der vorhandenen Anwendungslandschaft

Als nächster Schritt wird in einer Ist-Analyse auf Basis eines *Bottom-Up*-Vorgehens die vorhandene Anwendungslandschaft mit den existierenden Anwendungssystemen und deren Beziehungen dokumentiert. In der Dokumentation selbst müssen die logischen Komponenten, physische Schnittstellen, Anwendungs- und Hardwareplattformen sowie zuständige Organisationseinheiten dargelegt werden.[14]

Bewertung der vorhandenen Anwendungslandschaft

Im nachfolgenden Schritt wird verglichen, inwieweit die Ist-Anwendungslandschaft von der Ideal-Anwendungslandschaft in Form einer Delta-Analyse entfernt ist (siehe Abbildung 3.5). Die Bewertung entspricht dem klassischen Projektportfoliomanagement. Bei dem Reiseunternehmen wird die neue Wertschöpfungskette *Individualreise* von der bisherigen Anwendungslandschaft nicht unterstützt. Aus diesem Grund müssen Komponenten angepasst und neue realisiert werden. Die Bewertung findet auf Basis eines Kennzahlensystems statt. Ein möglicher Handlungsbedarf entsteht, wenn eine bestimmte Kennzahl erreicht oder überschritten wird.[15]

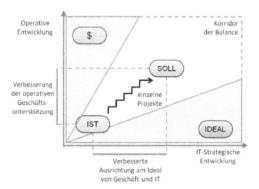

Abbildung 3.5: Ist, Soll und Ideal im Rahmen einer gesteuerten Evolution[16]

---

[14]Vgl. Reussner, Hasselbring, (Handbuch der Software-Architektur, 2008), S. 175
[15]Vgl. Reussner, Hasselbring, (Handbuch der Software-Architektur, 2008), S. 176
[16]Abb. Engels et al., (Quasar Enterprise, 2008), S. 8

3.2.4 Schritt 3: Bestimmung der Soll-Anwendungslandschaft

Bestimmung und Auswahl von Hauptszenarien

Zur Adressierung des Handlungsbedarfs werden Hauptszenarien definiert. Die Hauptszenarien stellen Zwischenziele dar um schrittweise von der Ist- zur Soll-Anwendungslandschaft zu gelangen (siehe Abbildung 3.5). Für jedes Hauptszenario werden die betroffenen Bereiche der Anwendungslandschaft bestimmt, die verändert beziehungsweise angepasst werden müssen. In dem Reiseunternehmen werden beispielsweise alle logischen Komponenten neu geplant, die für die Unterstützung der Individualreise benötigt werden. Zusätzlich achtet der IT-Architekt darauf, dass neue logische Komponenten sich strukturell der Ideal-Anwendungslandschaft annähern und sich langfristig der neuen Geschäfts- und IT-Strategie entsprechen.

Entwurf der Soll-Anwendungslandschaft

Nachdem die *Hauptszenarien* identifiziert sind, wird auf Basis von IT-Architekturanforderungen ein Hauptszenario zur ersten Umsetzung vom Architekten ausgewählt. Entsprechend dem ausgewählten Hauptszenario entwirft der Architekt eine erste Soll-Anwendungslandschaft als Zwischenziel. Diese enthält die konkreten logischen Komponenten und Schnittstellen. Der langfristige Umbau hin zur idealen Anwendungslandschaft wird in einer *Roadmap* definiert.

Festlegung der Roadmap

Um den stufenweisen Umbau der Ist- zur Ideal-Anwendungslandschaft effektiv zu gestalten, werden die Zwischenziele in Form von Soll-Anwendungslandschaften in einer *Roadmap* festgehalten (siehe Abbildung 3.6). Zur Bestimmung der *Roadmap* wird folgendes Vorgehen empfohlen:[17]

1. **Festlegung der Schritte:** Die einzelnen elementaren Umbaumaßnahmen zur Umgestaltung der Ist-Anwendungslandschaft werden nach deren Priorität in eine sinnvolle Reihenfolge gebracht. Bei der Bestimmung der Reihenfolge helfen Referenzszenarien, die sich bei Umbaumaßnahmen bewert haben.:[18]

---

[17]Vgl. Reussner, Hasselbring, (Handbuch der Software-Architektur, 2008), S. 177
[18]Vgl.ebenda

2. **Festlegung der Evolutionsstufen:** Mehrere Schritte werden in einer Inbetriebnahme zusammengefasst, die eine Evolutionsstufe hin zur Soll-Anwendungslandschaft bildet.

3. **Quantifizierung:** Der Aufwand für eine Evolutionsstufe wird angelehnt an dem klassischen Projektplanungsprozess geschätzt und zeitlich geplant.

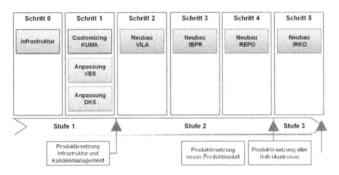

Abbildung 3.6: Schritte und Stufen einer Roadmap[19]

Mit der Bestimmung der *Roadmap* wird langfristig stufenweise der Umbau von der Ideal- zur Soll-Anwendungslandschaft unter Berücksichtigung des Ideals geplant und umgesetzt. In der Praxis erfolgt der Prozess der *Roadmap*-Bestimmung meist iterativ, weil sich meist nach der ersten Evolutionsstufe neue Erkenntnisse ergeben und die *Roadmap* daraufhin angepasst werden muss.

3.3 Einführung service-orientierter Architekturen im Unternehmen

Das Architekturparadigma *service-orientierte Architekturen* versucht eine Brücke vom Geschäft zur IT zu schlagen. Die Einführung einer *SOA* beeinflusst somit das gesamte Unternehmen. Aus diesem Grund ist die Umsetzung einer *service-orientierten Anwendungslandschaft* aufwendig. Deshalb empfehlen die IT-Architekten von *Quasar Enterprise* eine schrittweise Einführung des *SOA*-Konzepts angelehnt an dem *SOA-Maturity-Model* von *Sonic Software*.[20] Die einzelnen Phasen werden an dieser Stelle kurz beschrieben:[21]

---

[19]Abb. Engels et al., (Quasar Enterprise, 2008), S. 50
[20]Vgl. Josuttis, (SOA in der Praxis, 2008), S. 343
[21]Vgl. Engels et al., (Quasar Enterprise, 2008), S. 105

18

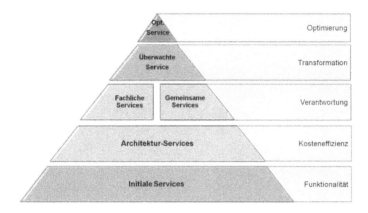

Abbildung 3.7: SOA-Maturity Model von Sonic Systems[22]

1. **Phase - *Vorstudie*:** Die *SOA-Vorstudie* dient dazu eine *SOA*-Strategie für ein Unternehmen zu entwickeln sowie ein erstes Pilotprojekt zu definieren, das in den folgenden Phasen umgesetzt wird.

2. **Phase - *Pilotprojekt*:** Das Pilotprojekt hat zum Ziel nachzuweisen, dass es in einem kleinen Rahmen möglich ist *Services* im Unternehmen einzuführen. Dabei werden festgelegte Pilotservices auf Basis der vorhandenen Anwendungslandschaft zur Verfügung gestellt.

3. **Phase - *SOA-Programm*:** Das *SOA-Programm* realisiert beispielsweise über einen Zeitraum von zwei Jahren gemäß ihrer Priorität definierte *SOA*-Projekte. Die Projekte werden dabei mit dem generellen Projektportfolio abgestimmt. Das Hauptziel dieser Phase ist das *SOA*-Konzept organisationsweit mithilfe einer *SOA-Governance* zu festigen.

4. **Phase - *Linienaufgabe*:** Mit dem Ende des *SOA*-Programms wird die weitere Evolution der Anwendungslandschaft nach den *SOA*-Prinzipien als etablierte Linienaufgabe erfolgen. Um diesen Übergang zu unterstützen ist der Aufbau eines *SOA*-Kompetenzzentrums für die Wissensvermittlung und den Erfahrungsaustausch als sinnvoll zu erachten.

---

[22]Abb. Josuttis, (SOA in der Praxis, 2008), S. 344

3.4 Auswirkung von IT-Trends auf das SOA-Konzept

In diesem Abschnitt werden die Auswirkungen und Beziehungen zu aktuellen IT-Trends auf das *SOA*-Konzept thematisiert. Dabei werden auf die Trends *Höhere Detaillierung* und *Automatisierung* von *Geschäftsprozessen*, *Cloud-Computing* sowie die Entwicklung hin zur *Individualsoftware* in Unternehmen angesprochen.

1. **Trend - Höhere Detaillierung und Automatisierung:** Durch den steigenden globalen Wettbewerbsdruck versuchen Firmen ihre Geschäftsprozesse möglichst zu automatisieren um Kosten zu sparen. Durch diese Entwicklung gerät das *SOA*-Konzept immer stärker in den Unternehmensfokus, weil es eine automatische Abwicklung kompletter *Workflows* ermöglicht. Um gleichzeitig der Nachfrage an höhere Detaillierung zu begegnen, werden Geschäftsprozesse neben *EPKs* auch mit den Modellierungstechniken *BMPN*[23] und *BPEL4WS*[24] definiert. Sie ermöglichen eine detaillierte Beschreibung von Geschäftsprozessen, die nach der Modellierung direkt als ausfuhrbare Komponente *Services* zur Verfugung stehen.[25]

2. **Trend - Cloud-Computing:** Das *Cloud-Computing* definiert eine IT-Strategie, in der ein Anwender entferne Hard- und Software-Ressourcen auf Anfrage verwendet, die nicht unter seiner Kontrolle stehen. Das Ziel ist eine Kostenersparnis bei den Anwendern und eine Gewinnmaximierung in Form des klassischen *Outsourcing* zu erreichen. Das *Cloud-Computing* ist aber weder eine Konkurrenz noch eine Weiterentwicklung des *SOA*-Ansatzes. Das Architekturparadigma *SOA* gilt als eine Voraussetzung zur Realisierung von *Cloud*-Angeboten um eine Interoperabilität zwischen den Partner zu ermöglichen.[26]

3. **Trend - Individualsoftware:** Die Geschäftsprozesse mancher Firmen sind zu komplex um sie in einer Standardsoftware abbilden zu können. Aus diesem Grund ist ein Trend zur Individualsoftware in vielen Unternehmen wahrzunehmen. Dieser Trend wirkt sich positiv auf die Nachfrage *service-orientierter Architekturen* aus. Mithilfe von *service-orientierter Architekturen* können Geschäftsprozesse durch lose gekoppelte Dienste umgesetzt und einfacher wiederverwendet werden. Dadurch können selbst komplexe Geschäftsprozesse ohne hohe Entwicklungs- und Integrationskosten durch Kombination vorhandener Dienste kostengünstig realisiert werden.[27]

---

[23]Business Process Modeling Notation (BPMN)
[24]Business Process Execution Language for Webservices (BPEL4WS)
[25]Vgl. Melzer, (Service-orientierte Architekturen mit Web Services, 2010), S. 239-249
[26]Vgl. Melzer, (Service-orientierte Architekturen mit Web Services, 2010), S. 355-358
[27]Vgl. inconso AG, http://www.inconso.de/inconso/de/m4_services/m4_m1_it-beratung/m4_m1_m2_ architektur/Architektur.php, abgerufen am 14.07.2010

Kapitel 4

Diskussion

Das vorherige Kapitel befasste sich mit dem Entwurf und der Einführung *service-orientierter Architekturen* im Unternehmen. Im folgenden Abschnitt werden die wichtigsten Vorteile sowie methodische Probleme *service-orientierter Architekturen* im Unternehmensumfeld diskutiert.

4.1 Vorteile service-orientierter Architekturen

1. **Offene und standardisierte Schnittstellen:** Die Schnittstellen von *Services* basieren auf offenen Standards. Mithilfe dieser Regelung können *Services* auf einfache Art und Weise miteinander kommunizieren. Desweiteren erleichtert diese Vereinbarung, dass externe Dienste in die Anwendungslandschaft miteingebunden werden können.[1]

2. **Lose Kopplung und Wiederverwendbarkeit:** Die lose gekoppelten *Services* reduzieren die Abhängigkeiten zwischen Systemen. Dadurch kann die gesamte Anwendungslandschaft agiler an die sich ändernden Geschäftsprozesse angepasst werden. Darüber hinaus können vorhandene Dienste in Form einer Komposition zu weiteren Diensten zusammengefasst werden, sodass neue *Workflows* in die IT abgebildet werden können.

3. **Langfristig sinkende IT-Kosten:** Durch die Wiederverwendung vorhandener *Services* sowie durch die Nutzung externer *Cloud*-Anbieter können langfristig Wartungskosten im Unternehmen eingespart werden.

4. **Orientierung an Geschäftsprozessen:** Bei dem *SOA*-Konzept sind die Geschäftsprozesse eines Unternehmens die Ausgangsbasis für die Gestaltung einer Anwendungslandschaft. Dadurch bleiben verteilte Systemlandschaften skalierbar und flexibel gegenüber Veränderungen.

---

[1]Vgl. Müller, Viering, (Service Oriented Architectures (SOA), 2007), S. 10

5. **Verbesserung der Kommunikation zwischen IT und Geschäft:** Das Architekturparadigma versucht Anwendungslandschaften aus einer fachlichen Perspektive mithilfe von Geschäftsservices und Anwendungsdomänen zu beschreiben. Diese neue Sichtweise trägt zu einer besseren Kommunikation zwischen Fach- und IT-Abteilungen bei, weil die Prozesse nun bei beiden im Mittelpunkt stehen.

4.2 Methodische Probleme service-orientierter Architekturen

1. **Sicherheit, Verfügbarkeit und Qualität:** Die oben genannten Punkte sind im bisherigen *SOA*-Konzept nicht genau detailiert. Dieser Nachteil macht die Verwendung externer Dienste sehr schwierig, solange dessen Zuverlässigkeit nicht nachgewiesen werden kann. Diese Schwäche stellt ein zusätzliches Problem dar, wenn man die Rechtslage beispielsweise bezüglich des *Sarbanes-Oxley Act* betrachtet.[2]

2. **Komplexe Prozessmodellierung:** Die Modellierung von Geschäftsprozessen erfolgt bisher nur statisch. Die Prozessausführungssprache *BPEL*[3] ermöglicht zwar die Verwendung eines lokalen oder externen Dienstes. Im Gegensatz dazu ist die Komponierung eines kompletten *Workflows* mithilfe dynamischer *Services* entweder sehr komplex oder es deckt nur einen Teil möglicher Anwendungsszenarien ab.

3. **Komplexes Monitoring:** Ein komponierter *Service* kann innerhalb seines Lebenszyklusses eine Folge von anderen Diensten in Anspruch nehmen. Im Fehlerfall kann die Nachverfolgung eines *Service*-Aufrufs problematisch werden und dessen Versagen schwerwiegende Folgen für die gesamte Anwendungslandschaft haben.

4. **Performanceverluste durch Transformation:** Durch die Standardisierung der Schnittstellen und der damit verbundenen Transformation von Informationen können Performanceverluste zur Folge haben.

5. **Hohe Investitionskosten:** Die Einführung einer *SOA* ist ein langwieriges organisationsweites Projekt. Deswegen ist die Planung und Umsetzung des *SOA*-Konzepts aufwändig und mit hohen Kosten verbunden.[4]

6. **Tiefes Geschäftsprozessverständnis erforderlich:** Für die Umsetzung des *SOA*-Konzepts ist ein tiefes Verständnis von Fach- und IT-Abteilungen hinsichtlich der *Serviceorientierung* sowie der dafür benötigten Modellierungssprachen notwendig.[5]

---

[2]Vgl. Müller, Viering, (Service Oriented Architectures (SOA), 2007), S.15
[3]Business Process Execution Language (BPEL)
[4]Vgl. Müller, Viering, (Service Oriented Architectures (SOA), 2007), S. 14
[5]Vgl. Müller, Viering, (Service Oriented Architectures (SOA), 2007), S. 15

Kapitel 5

Zusammenfassung und Ausblick

Die Einführung des Architekturkonzepts *service-orientierte Architekturen* in Unternehmen liefert einen entscheidenden Beitrag die Anwendungslandschaft an die Geschäftsarchitektur auszurichten. Um die Bedeutung des *SOA*-Paradigmas zu verdeutlichen wurde deshalb zu Beginn des 3. Kapitels dessen Rolle im Unternehmen eingeordnet. Danach wurde das Vorgehen zum Entwurf *service-orientierter Anwendungslandschaften* im Abschnitt 3.2 vorgestellt. Dabei wurde deutlich, dass mithilfe eines schrittweisen Entwurfs ausgehend von den Geschäftszielen die gegenwärtige IT-Architektur in eine langfristig beherrschbare Soll-Anwendungslandschaft transformiert werden kann. Um den Umbau der Ist- zur Ideal-Anwendungslandschaft effektiv zu gestalten, wurden mögliche Zwischenziele im Abschnitt 3.2.4 in Form einer *Roadmap* festgehalten. Zusätzlich zu dem Entwurf wird im Abschnitt 3.3 eine Einführung des *SOA*-Konzepts im Unternehmen thematisiert. Dabei wird dem IT-Architekten auf Basis des *SOA-Maturity-Model* seine schrittweise Implementierung des Architekturparadigmas an die Hand gegeben, bevor im darauffolgenden Abschnitt die Auswirkung von wichtigen IT-Trends auf das *SOA*-Konzept selbst eingegangen wird.

Trotz der dargelegten Vorteile dürfen die im Kapitel *Diskussion* erläuterten methodischen Probleme des *SOA*-Konzepts nicht außer Acht gelassen werden. Durch die hohen Investitionskosten sowie die lange Projektlaufzeiten werden viele *SOA*-Vorhaben abgebrochen, bevor überhaupt die ersten positiven Ergebnisse eintreten. Folglich kann sich die unternehmensweite Einführung einer Standardsoftware einfacher gestalten als das *SOA*-Konzept zu etablieren. Letztendlich hilft jedoch das Architekturparadigma *service-orientierte Architekturen* die Kluft zwischen Geschäft und IT zu schließen und die Anwendungslandschaft für die Zukunft vorzubereiten oder wie es der Autor Nicolai Josuttis zusammenfasst:

„SOA hat das Potenzial die Unternehmenslandschaft langfristig zu revolutionieren."

(Zitat von Nicolai Josuttis, Vgl. Josuttis, (SOA in der Praxis, 2008), S. 347.)

Abkürzungsverzeichnis

AL	Anwendungslandschaft
BPEL4WS	Business Process Execution Language for Webservices
BPEL	Business Process Execution Language
BPMN	Business Process Modeling Notation
COTS	Commercial off-the-shelf
EPK	Ereignisgesteuerte Prozesskette
GP	Geschäftsprozess
IEEE	Institute of Electrical and Electronics Engineers
IS	Informationssystem
IT	Information Technology
SOA	Service-orientierte Architektur
SWEBOK	Guide to the Software Engineering Body of Knowledge
TI	Technische Infrastruktur

Abbildungsverzeichnis

Literaturverzeichnis

[1]   Andresen, Andreas:
        Komponentenbasierte Softwareentwicklung, 2. Auflage,
        Hanser Verlag, München, August 2004.

[2]   Berning, Ralf:
        Prozessorientierte Organisation - Prozessorientierte Organisationskonzepte und
        Business Process Management
        AKAD GmbH, 2007

[3]   Engels, Gregor et al.
        Quasar Enterprise: Anwendungslandschaften serviceorientiert gestalten,
        1. Auflage, dpunkt Verlag, Heidelberg, Februar 2008.

[4]   IEEE Computer Society:
        Guide to the Software Engineering Body of Knowledge,
        IEEE, Los Alamitos, 2004.

[5]   Josuttis, Nicolai:
        SOA in der Praxis: System-Design für verteilte Geschäftsprozesse, 1. Auflage,
        dpunkt Verlag, Heidelberg, Januar 2008.

[6]   Masak, Dieter:
        SOA?: Serviceorientierung in Business und Software, 1. Auflage,
        Springer Verlag, Berlin, November 2009.

[7]   Melzer, Ingo et al.:
        Service-orientierte Architekturen mit Web Services, 4. Auflage,
        Spektrum Akademischer Verlag, Heidelberg, April 2010.

[8]   Müller, Benjamin und Viering, Goetz:
        Service Oriented Architectures (SOA), Seminararbeit,
        European Business School, Wiesbaden, September 2005.

[9]   Ockl, Alexander:

        SOA Architektur-Entwurf,

        http://soa-know-how.de, abgerufen am 21.06.2010.

[10]   Reussner, Ralf und Hasselbring, Wilhelm (Hrsg.):

        Handbuch der Software-Architektur, 2. Auflage,

        dpunkt Verlag, Heidelberg, Dezember 2008.

[11]   Seyffert, Anna-Maria:

        Eintwicklung eines Leitfadens zur Entwicklung einer SOA, Masterarbeit,

        Fachhochschule für Technik und Wirtschaft Berlin, Berlin, Dezember 2007.

Anhang A

Ebenen einer Unternehmensarchitektur

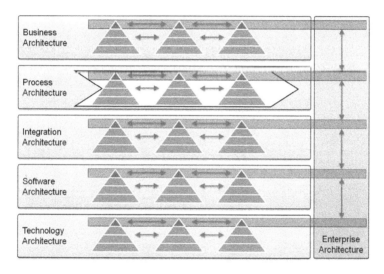

Abbildung A.1: Ebenen der Unternehmensarchitektur[1]

---

[1]Abb. Reussner, Hasselbring, (Handbuch der Software-Architektur, 2008), S. 254

Anhang B

Beziehungen zwischen Geschäftsprozessen und Services

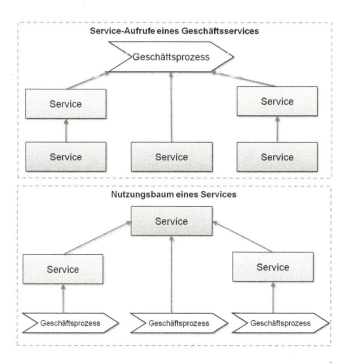

Abbildung B.1: Beziehungen zwischen Geschäftsprozessen und Services[1]

---

[1] Abb. Masak, Dieter, (SOA?: Serviceorientierung in Business und Software, 2009), S. 186-187

Anhang C

Merkmale des Reiseunternehmens

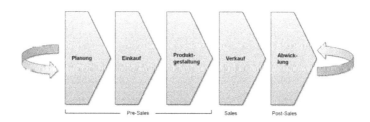

Abbildung C.1: Der touristische Kreislauf[1]

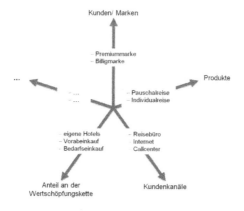

Abbildung C.2: Geschäftsdimensionen[2]

---

[1] Abb. Engels et al., (Quasar Enterprise, 2008), S. 5
[2] Abb. Engels et al., (Quasar Enterprise, 2008), S. 19